Die Handtasche

Megan Hess

Die Handtasche

PRESTEL
MÜNCHEN · LONDON · NEW YORK

In den ledernen Falten unserer Lieblingstaschen verbergen sich Geschichten.

Von robusten Tote Bags, in denen man eine Menge Nützliches unterbringen kann, bis hin zu kleinen glamourösen Clutches, die jedes Outfit aufwerten, sind Taschen viel mehr als nur funktionale Gegenstände. Ob man sich nun jede Saison ein neues Trendtäschchen zulegt oder jahrelang nach einem Vintage-Hermès-Exemplar sucht, das ein Leben lang hält – die Wahl einer Handtasche ist sehr persönlich. Taschen sind Ausdruck unserer Persönlichkeit und unserer Vorlieben.

Chloe

Die besten unter den Handtaschen wurden zu Wertanlagen, Erbstücken und modischen Icons. Einige der Modelle in diesem Buch wurden vor fast einem Jahrhundert entworfen und sind bis heute begehrt und in Verwendung. Andere erzählen von einer ganz bestimmten Zeit, an einem ganz speziellen Ort, und lassen uns eine nostalgische Zeitreise antreten. Dekor und Form mögen sich im Laufe der Jahre ändern, aber eine luxuriöse Handtasche kommt nie aus der Mode.

Valentino

Fendi

Die Art und Weise, wie eine Frau ihre Handtasche(n) benutzt, verrät viel. Jane Birkin etwa beschränkte sich auf nur ein Exemplar des berühmten nach ihr benannten Modells, und nahm es überallhin mit, bis es völlig abgewetzt war. Jackie Onassis wiederum nutzte ihre Gucci-Satteltasche als Blickschutz gegen Paparazzi. Sarah Jessica Parker versprühte als Carrie Bradshaw in *Sex and the City* mit ihrer glitzernden Eiffelturm-Tasche Pariser Flair. Und Margaret Thatcher soll politischen Widersachern sogar mittels ihrer Handtasche Züchtigung angedroht haben, was als das neue Wort »*handbagging*« ins *Oxford Dictionary* aufgenommen wurde.

Viele berühmte Designerinnen und Designer starteten mit dem Gestalten von Taschen in die Welt der Mode. Louis Vuitton etwa erfand mit seinen Koffern das luxuriöse Reisegepäck neu, bevor er sich an das Kreieren von Kleidung machte. Der junge Guccio Gucci ließ sich vom Gepäck wohlhabender Gäste inspirieren, als er als Page im Londoner Savoy Hotel arbeitete, bevor er nach Florenz zurückkehrte und ein Lederwarengeschäft gründete, das sich zu einem Modeimperium entwickelte. Coco Chanel wiederum fand, dass Frauen immer und überall ihre Hände frei haben sollten, und führte den Schulterriemen ein, der das Wesen der Handtasche komplett veränderte.

Ralph
Lauren

Chanel

Einige meiner liebsten Taschendesigns enthalten Anspielungen auf die Geschichte oder klassische Motive, die nie aus der Mode kommen – so etwa die an das Sattlerhandwerk erinnernden »*Horsebit*«-Aufsätze von Gucci oder das unverkennbare Monogrammleder von Louis Vuitton. In meinem Lieblingsmodell von Chanel gibt es ein Geheimfach für Liebesbriefe, und auf jeder Birkin Bag von Hermès informiert ein winziger Datumsstempel über den »Geburtstag« der Tasche. Hat man derartige Details erst einmal entdeckt, verliebt man sich immer wieder neu in die Welt der Handtaschen.

Die erste Designertasche, die ich kaufte (in einer Chanel-Boutique in London), war eine bonbon-rosafarbene Classic Chanel Flap. Ich sparte jahrelang, bevor ich sie mir leisten konnte, aber sie war jeden Cent wert und eine Investition fürs Leben – noch heute, zwanzig Jahre später, hat diese Handtasche einen Ehrenplatz in meiner Garderobe. Ich liebe auch meine Rockstud Bags von Valentino ganz besonders. Es ist nicht nur eine Freude, sie zu benutzen, sondern auch, sie anzusehen, sodass sie immer wieder den Weg in meine Illustrationen und Arbeiten finden.

Valentino
VALENTINO
GARAVANI

Chanel

Natürlich liebe ich auch die praktischen Taschen, die ich jeden Tag benutze, aber die außergewöhnlicheren Modelle in meiner Sammlung haben etwas ganz Besonderes an sich. Jedes Mal, wenn ich meine Coco in Ritz Evening Bag trage – mit ihrem charmanten Design, das auf die Hotelsuite anspielt, in der Madame Chanel logierte –, fühle ich mich an den Tag zurückversetzt, an dem ich das edle Stück in der Rue Cambon in Paris erstand. Ich kaufte Handtaschen, um große Erfolge im Leben zu feiern, ich bekam sie von wunderbaren Labels geschenkt, und ich reichte einige an meine Tochter weiter – als Leihgabe, versteht sich. Jede Tasche hat ihre eigene Geschichte und einen besonderen Platz in meinem Herzen.

Gehen wir also auf Entdeckungstour ins Reich der Handtaschen. Erkunden wir die klassischen Modelle, die seit über einem Jahrhundert unverändert geblieben sind; die »It-Bags«, die den Zeitgeist ihrer Dekade perfekt eingefangen haben; die Taschen, die unerwartet Kultstatus erlangten – und die Menschen, die für immer mit ihnen verbunden sind. Ganz egal, ob man ein Faible für Tote Bags, Clutches oder Schultertaschen hat – auf den folgenden Seiten findet sicher jede und jeder etwas, was das Herz begehrt.

Megan Hess

Dior

CHRISTIAN DIOR

»Schützt selbst das fragilste Gepäck.

Insbesondere Kleidung.«

Werbeanzeige in
der ersten Boutique
von Louis Vuitton
in Paris, 1854

Trunks

von Louis Vuitton

—

1858

Der Gründer des weltweit beliebten Luxuswarenunternehmens Louis Vuitton startete seine Karriere Mitte des 19. Jahrhunderts – als Täschnerlehrling bei einem Koffermacher. Vuitton erkannte den Bedarf an etwas Praktischerem als dem üblichen Ledergepäck, das damals auf dem Markt erhältlich war, und entwarf die allerersten mit wasserdichtem Segeltuch überzogenen Flachkoffer – perfekt, um sie in Zügen und auf Dampfschiffen übereinandergestapelt mit auf große Fahrt zu nehmen.

Das kultige Leder mit dem braunen und goldenen Monogramm wurde 1896 von Louis Vuittons Sohn Georges kreiert und avancierte schnell zum wohl berühmtesten Gepäckbezugsmaterial der Welt. Generationen von Fans verehren das LV-Muster als Inbegriff zeitlosen Stils und langlebiger Qualität.

Louis Vuitton
LOUIS VUITTON

Neverfull

von Louis Vuitton

—

2007

Eine LV-Bag ist eine stilvolle Investition, und wer eine solche Handtasche sein Eigen nennt, hat eine Beziehung zu ihr. Das charakteristische Vachetteleder, das so viele LV-Kreationen ziert, nimmt Öle von den Händen der Trägerin auf und dunkelt im Lauf der Jahre nach, wodurch es eine reiche Patina entwickelt, die jedes Exemplar einzigartig macht. Die Patina auf dem Griff einer Neverfull Bag – benannt nach ihrer Fähigkeit, allem Platz zu bieten, was man den Tag über so braucht – zeugt davon, wie häufig diese Tasche genutzt und wie sehr sie geliebt wurde.

LOUIS VUITTON

»Der Louis-Vuitton-Trägerin geht es um *Wertigkeit* – eine Wertigkeit der Frau selbst, die zum Ausdruck kommen, wahrgenommen und anerkannt werden muss.«

Marc Jacobs

Pochette Métis

von Louis Vuitton

—

2013

Das Braun und Gold blieb gut ein Jahrhundert unverändert, bis Marc Jacobs 1997 den Posten des Kreativdirektors bei Louis Vuitton übernahm. Jacobs spielte mit der Tradition und arbeitete mit anderen kreativen Köpfen zusammen, um ganz unterschiedliche Versionen des ikonischen Monogramms zu kreieren, was der Marke eine neue Fangemeinde einbrachte. Die Pochette Métis war eine der letzten Kreationen des geschätzten Designers für das Unternehmen und avancierte zu einer der beliebtesten Taschen der LV-Linie.

TRO

»Zu wichtigen Anlässen würde ich niemals ohne meine eigene *schwarze Handtasche* von Hermès gehen.«

Grace Kelly

HERMÈS
PARIS

Kelly

von Hermès

—

1935

Die Kelly Bag wurde von Robert Dumas entworfen und zunächst unter dem Namen »Le Sac à Dépêches« verkauft. Die damenhafte Handtasche mit Henkelgriff wurde zu Ehren von Grace Kelly umbenannt, nachdem diese oft mit diesem Modell fotografiert worden war (sie nutzte es unter anderem, um ihren Babybauch vor den neugierigen Blicken der Paparazzi zu verbergen). Die Kunsthandwerker in den Hermès-Werkstätten erlernen die Herstellung dieses raffinierten Modells vor jedem anderen der Linie, und es gibt immer eine Warteliste für diese Schönheiten. Es sind wahrlich fürstliche Taschen.

Hermès

Das Ausmaß an »*Savoir-faire*«, das die Herstellung einer Hermès-Tasche erfordert, ist legendär. Nahezu jedes Detail, bis hin zu den von Hand gefertigten Nähten dieser exquisit gefertigten Kreation, verweist auf die Geschichte des Hauses, das einst Sättel und Zaumzeug für die Pferde des europäischen Adels herstellte.

Die Mitarbeitenden der Hermès-Werkstätten werden über viele Jahre hinweg ausgebildet, sodass das Unternehmen mit absoluter Hingabe an feinste Handwerkskunst lebenslang Reparaturen für seine Taschen aubieten kann. Die Marke ist seit sechs Generationen im Besitz der Familien Hermès und Dumas.

»*Luxus* ist etwas, das es wert ist, repariert zu werden.«

Robert Dumas

Birkin

von Hermès

—

1981

Die Birkin Bag, die wohl begehrteste Handtasche aller Zeiten, wurde entworfen, nachdem die Stilikone Jane Birkin bei einem Flug von Paris nach London neben Jean-Louis Dumas saß und sich darüber beklagte, dass sie keine Tasche finden könne, in der alles Platz hatte, was sie mitnehmen wollte. Nach einer schnellen Skizze auf der Rückseite einer Papiertüte stand der Entwurf für Birkins ideale Handtasche: ein überaus geräumiges und großes Modell, mit robusten gerollten Henkelgriffen, einer Klappe mit metallener Schließe und Füßchen, auf denen die Tasche sicher aufrecht steht. Jedes Exemplar wird von einem einzelnen Kunsthandwerker in Maßarbeit angefertigt, was über achtundvierzig Stunden in Anspruch nimmt.

HERMÈS
PARIS

Bevor Hermès die speziell auf Birkin zugeschnittene Tasche entwarf, war Jane dafür bekannt, immer ein und denselben Weidenkorb mit sich herumzutragen. Diesen hatte sie in den 1960er-Jahren in einem portugiesischen Fischerdorf gekauft, und er ist fast ebenso ikonisch wie die Hermès-Tasche, die nun Birkins Namen trägt.

»It's not a *bag*.

It's a Birkin.«

Sex and the City

VALENTINO

Im Bereich edler Taschen gehen Luxus und praktische Innovation oft Hand in Hand. Louis Vuitton etwa entwarf ein als unknackbar geltendes Schlosssystem, um seine Kreationen sicher zu verschließen – anfangs wurden diese Schlösser sogar speziell auf ihre Besitzerinnen und Besitzer registriert.

Émile Hermès, der Enkel des Firmengründers Thierry Hermès, meldete das erste europäische Nutzungsrecht für ein aus dem amerikanischen Militär stammendes Öffnungs- und Schließsystem an und führte diese spannende neue Technologie (später als Reißverschluss bekannt) 1922 bei seinen Taschen ein.

Die »*Clochette*«, aufgrund ihrer Form nach dem französischen Wort für »Glocke« benannt, baumelt an vielen Taschen und umschließt die Schlüssel, um das Leder vor Kratzern zu schützen.

BALENCIAGA
Balenciaga

Motorcycle City

von Balenciaga

—

2001

Diese »It-Bag« hatte es anfangs nicht ganz so leicht. Als Balenciagas Kreativdirektor Nicolas Ghesquière das Modell 2001 entwarf, hielten die Führungskräfte des Labels es für zu sanft und unstrukturiert, um auf dem Markt erfolgreich zu sein. Ghesquière konnte sie aber davon überzeugen, ein paar Exemplare für den Laufsteg anfertigen zu lassen. Die Catwalk-Ikone Kate Moss entdeckte eine dieser Handtaschen bei einer Show, und der Rest ist Geschichte – die Motorcycle City wurde für den Großteil der 2000er-Jahre zu einem echten »Must-have«.

Baguette
von Fendi

—

1997

Dieses Fendi-Modell war ein weiteres »Must-have« der frühen Nullerjahre. Es wurde von Silvia Venturini Fendi entworfen und erlangte besondere Berühmtheit durch eine Folge von *Sex and the City*, in der Carries lilafarbene Pailletten-Baguette gestohlen wird. Es gibt über tausend Varianten dieser beliebten Handtasche, ihren Namen erhielt sie aber erst, nachdem die Presse berichtet hatte, dass man sie »wie ein französisches Baguette« unter dem Arm trage.

Sunshine Shopper

von Fendi

—

1997

Diese Schönheit ist eine Tragetasche mit dem gewissen Etwas. Die moderne Form, die edle Prägung und der Griff in Schildpattoptik heben dieses Design auf eine andere Ebene. Wie alle Fendi-Modelle ist auch die Sunshine Shopper hinreißend schlicht und könnte von keinem anderen Label kreiert werden.

FENDI
ROMA

Auch Schmuckhersteller wissen um die Vorzüge einer guten Handtasche. Die romantische Guirlande von Cartier ist von den charakteristischen roten Verkaufsboxen des Hauses inspiriert. Die achteckige Kreation ist ein Juwel von Tasche.

Cartier

Diana

von Gucci

—

1991

Während des Zweiten Weltkrieges war Leder knapp, was die Modebranche dazu zwang, mit anderen Materialien zu experimentieren. In dieser Zeit der Kriegsknappheit entwickelte Gucci sein charakteristisches Doppel-G-Modell aus robustem Segeltuch und mit Henkeln aus Bambus, der durch Hitze gebogen wurde. Prinzessin Diana machte die Handtasche zum Kult, als sie diese in den 1990er-Jahren überallhin mitnahm. 2021 interpretierte Kreativdirektor Alessandro Michele die Diana Bag als Hommage an die viel zu jung verstorbene Princess of Wales zu deren sechzigstem Geburtstag neu.

Jackie

von Gucci

—

1958

Jackie Onassis, eine der elegantesten Stilikonen der Welt, trug stets eine kleine Gucci-Satteltasche am Arm. Der schicke Paparazzi-Schutz war ein Gucci-Modell, das ursprünglich »Fifties Constance« hieß – Onassis soll sechs Stück davon besessen haben. Kein Wunder also, dass die Gucci-Mitarbeitenden die Tasche »Jackie« tauften, lange bevor das Label sie ihr zu Ehren offiziell umbenannte. Die Jackie Bag wurde in den vergangenen Jahrzehnten von fast allen Gucci-Designerinnen und Designern neu interpretiert und ist heute noch ebenso beliebt wie damals.

Der Legende nach wurde Guccio Gucci zur Eröffnung seines Lederwarengeschäfts inspiriert, da er als Page im Londoner Savoy Hotel gearbeitet und das Gepäck der wohlhabenden Gäste betreut hatte.

Seine ursprüngliche Werkstatt in Florenz bediente sowohl gut betuchte Reisende als auch den Reitsport-begeisterten Adel – was sich im berühmten Gucci-Zaumzeug-Mundstück (»*Horsebit*«) widerspiegelt sowie in den Riemen, die an Sattelgurte erinnern.

Gucci

Dionysus

von Gucci

—

2015

Dieses Gucci-Modell wurde nach Dionysos, dem griechischen Gott des Weines, der Freude und der Ekstase benannt. Die Tigerköpfe sind inspiriert von Dionysos, welcher der Sage nach auf dem Rücken eines Tigers einen Fluss überquerte. Und die Hufeisenschließe entwarf Alessandro Michele als Anspielung auf die Reitsport-Ursprünge des Hauses. Michele gestaltete auch eine limitierte Auflage von Dionysus-Taschen – verziert mit Symbolen, die Stilmetropolen der Welt repräsentierten, und erhältlich nur in den Städten, denen sie gewidmet waren.

»Wenn man genauer darüber nachdenkt – und ich tue das sehr oft –, führt eine *Handtasche* ein Eigenleben.«

Tom Ford

Kate

von Saint Laurent

—

2014

Der Gründer des Labels, Yves Saint Laurent, war einer der ersten Designerinnen und Designer, die Handtaschen weg von ihren Wurzeln und hin zum trendigen Mode-Accessoire führten. Die edle Kate Bag lehnt sich an YSLs Philosophie der 1960er-Jahre an. Mit ihrer schlanken Silhouette und ihrem zarten Kettenschulterriemen könnte sie sich kaum deutlicher von den Sattler- und Täschnertraditionen früherer Zeiten loslösen.

Es gibt keinen schnelleren Weg, den kultigen britischen Stil in einen Look einzubringen, als durch eine Burberry-Tasche mit dem ikonischen Karomuster, das in den 1920er-Jahren entwickelt wurde.

Burberry

Rockstud

von Valentino

—

2011

Kaum zu glauben, dass ein so markanter Code des Hauses erst im Frühjahr 2011 entwickelt wurde, aber seitdem prangt die charakteristische Nieten-Verzierung auf fast jeder Valentino-Tasche. Die »*studs*« sind nun ein unverkennbares Markensymbol des Labels, ähnlich wie das Monogrammleder von Louis Vuitton oder das Supreme-Canvas-Material von Gucci. Mit ihrer kultigen und zugleich edlen Punk-Ästhetik ist eine Rockstud Bag sowohl ausgefallen als auch raffiniert und verleiht jedem Outfit eine Portion Coolness.

Roman Stud

von Valentino

—

2021

Gut ein Jahrzehnt nach dem ersten Erscheinen des ikonischen Nietenmotivs hat Valentinos Kreativdirektor Pierpaolo Piccioli die Rockstud neu interpretiert. Die größeren und kühneren Maxi-Nietenköpfe sorgen für noch rockigere Vibes.

Seit Frauen sie benutzen, sind Handtaschen ein Symbol für den Anspruch auf Unabhängigkeit. Je mehr Frauen ins Berufsleben eintraten, umso wichtiger wurden ihre Taschen, um sich frei in der Geschäftswelt zu bewegen.

ARMANI

GIVENCHY

Antigona

von Givenchy

—

2011

Die Antigona ist die vielleicht beliebteste Tasche von Givenchy, und da sie schon über zehn Jahre an den Armen von Berühmtheiten prangt, kann sie den Status einer »It-Bag« und eines Klassikers für sich beanspruchen. Die Lederhandtasche mit Schulterriemen und Henkeln ist robust, vielseitig einsetzbar und einfach wunderschön.

FASHION
DIOR
YVES SAINT LAURENT

Lady Dior

von Dior

—

1995

Nachdem Lady Diana 1995 von der französischen First Lady Bernadette Chirac eine Dior-Tasche des Modells »Chouchou« geschenkt bekommen hatte und diese überallhin mitnahm, wurde das von Gianfranco Ferré entworfene Design in »Lady Dior« umbenannt. Die Bügelgestaltung ist eine Anspielung auf die Stühle, die bei Diors allererster Modenschau im Jahr 1947 verwendet wurden, und die am Griff baumelnden Anhänger stellen unter anderem die Talismane dar, die Dior stets bei sich trug.

DR

Dior

Diorama

von Dior

—

2015

Auch Raf Simons orientierte sich an den Stühlen von Monsieur Dior, als er 2015 die Diorama schuf. Diese strukturierte Überschlagtasche mag in ihrer Form an die Boy von Chanel erinnern, doch mit ihrem speziellen vergrößerten Rohrmotiv ist sie unbestreitbar ein Kind der Dior-Familie.

»Dior hat ein großes Erbe,
was Accessoires angeht,
wie etwa die Saddle Bag
und die Lady Dior.

Meine Aufgabe ist es,
dieses Vermächtnis mit
einer neuen *Attitude*
zu versehen.«

Maria Grazia Chiuri

CHRISTIAN DIOR

Book Tote

von Dior

2018

Zu diesem Modell wurde Maria Grazia Chiuri von einer Zeichnung des früheren Kreativdirektors Marc Bohan inspiriert, die sie in den Dior-Archiven fand. Das auf den ersten Blick schlichte Design lässt den bestickten Stoff für sich selbst sprechen. Für jede Tasche braucht es über eine Million Stiche.

Tote Bags gibt es als luxuriöse und gleichzeitig praktische Tragetaschen, die aufgrund ihrer schlichten Silhouette, ihrer lässigen Ästhetik und ihrer Vielseitigkeit geschätzt und von vielen Labels hergestellt werden.

Bally
BALLY
Est.1851
OF SWITZERLAND

SAINT
PA

ENT

PRADA
MILANO

Galleria

von Prada

—

2007

Dieses praktische, minimalistische Modell aus Saffianoleder mit Kreuzschraffur, dem Markenzeichen von Prada, ist ein echter Traum von Handtasche. Die Galleria Bag wurde nach dem ersten Prada-Geschäft benannt, das Mario Prada 1913 in Mailands vornehmervornehmer Galleria Vittorio Emanuele II eröffnete und in dem er Gepäckwaren an die italienische Aristokratie verkaufte. Dieser Klassiker wurde unendlich oft kopiert und sollte in keiner Garderobe fehlen.

PRADA

Vela

von Prada

—

1984

Saffianoleder mag ein Markenzeichen von Prada sein, aber für eine seiner revolutionärsten Kreationen nutzte das Label ein ganz anderes Material. Der von Miuccia Prada entworfene Vela-Rucksack wurde aus Nylon gefertigt (allerdings einem Nylon, das in der Herstellung teurer ist als Seide). Diese Tasche ist unkonventionell, lässig, und überzeugte die Welt mit einem Paukenschlag davon, dass Luxus nicht unbedingt Leder bedeuten muss. Nylon wurde zum modernen Steckenpferd des Labels, und 2019 brachte Prada Re-Nylon auf den Markt, ein Gewebe aus komplett recycelten Materialien.

5TH AVENUE
ONE WAY

Sac de Jour

von Saint Laurent

—

2013

Hedi Slimanes Ode an die Birkin Bag von Hermès, die Sac de Jour von Saint Laurent, ist wahrlich eine Tasche für jeden Tag. Ihre schlanken Linien, die Ziehharmonika-Faltung und die zahlreichen Innenfächer verleihen ihr einen zeitlosen Charme. Wer sich für eine Variante aus robustem Leder entscheidet, bekommt mit ihr den perfekten Begleiter für den täglichen Gebrauch.

SAINT LAURENT
PARIS

PRADA
MILANO

Cahier

von Prada

—

2016

»*Cahier*« bedeutet im Französischen Notizbuch, und in der Tat wurde diese kleine, gut strukturierte Umhängetasche mit komplett umlaufendem Riemenverschluss von einem ledergebundenen Notizbuch inspiriert. Die Cahier hat aufgrund ihres subtilen, stilvollen Profils Kultstatus erlangt.

Die französische Redewendung
»vider son sac« meint, sich
etwas von der Seele zu reden
oder sein Herz auszuschütten.
Wortwörtlich übersetzt bedeutet
sie aber »seine Tasche leeren«.

VERSACE
Versace

Nile

von Chloé

2017

Es kommt nicht oft vor, dass eine völlig neue Silhouette im Reich der Handtaschen auftaucht. Aber als Clare Waight Keller im Jahr 2017 bei Chloé die Nile auf den Markt brachte, schwärmte die Modewelt von dem Armreifhenkel, der bei Nichtgebrauch bündig auf der Vorderklappe aufliegt.

Falls es noch etwas mehr
Überzeugungsarbeit braucht:
Eine gute Handtasche kann auch
finanziell eine lohnende Investition
sein. Einige Vintage-Modelle steigen
jedes Jahr im Preis und entwickeln
sich oft besser als Wertpapiere
auf dem Aktienmarkt. Dies gilt
insbesondere für Taschen mit
speziellen Seriennummern, die
Aufschluss darüber geben, wer sie
wann hergestellt hat – so etwa bei
einer Classic Chanel Flap oder einer
Hermès Birkin Bag.

Chanel

Cassette

von Bottega Veneta

—

2019

Wenn man dieses Modell in der Hand hält, versteht man, warum das Produkt mit dem berühmten Intrecciato Gewebe so viel Kultstatus genießt. Bottega Veneta verfolgt eine strikte No-Logo-Politik, aber das macht ja nichts, wenn die charakteristische Note so unverkennbar ist.

»Luxus-Taschen machen das Leben *angenehmer*, lassen einen träumen, geben *Selbstvertrauen*.«

Karl Lagerfeld

Die Modeschöpferin Coco Chanel revolutionierte nicht nur die Damenmode, sondern veränderte auch die Art und Weise, wie sich Frauen in der Welt bewegen. Sie erkannte, wie einschränkend und unpraktisch es für Frauen war, Clutches mit kurzen Henkeln in der Hand zu halten, und entwarf ein Modell mit einer einfachen, aber genialen Lösung: einem Kettenriemen, den man sich lässig über die Schulter hängen konnte.

Chanel

Classic Flap

von Chanel

—

1984

Nachdem Karl Lagerfeld als Kreativdirektor ins Haus Chanel berufen worden war, versah er die legendäre 2.55-Handtasche mit seiner persönlichen Note. Er ersetzte den Drehverschluss durch die inzwischen berühmten ineinander verschränkten CCs und nutzte ein verflochtenes Kettenband, um die ursprüngliche Chanel-Tasche neu zu interpretieren. Ob man nun Cocos originale 2.55 oder Karls Variante bevorzugt – diese Handtaschen sind zweifellos zeitlose Klassiker, die mit luxuriösen Details wie dem von Hand vernähten Leder mit Rautensteppung aufwarten. Und mein liebstes Extra: In die vordere Klappe wurde ein kleines Reißverschlussfach integriert, in dem sich diskret Liebesbriefe verstauen lassen – eine Anspielung auf die heimliche Liebschaft, die Coco hatte, als sie die 2.55 entwarf.

Grand Shopping Tote

von Chanel

—

2004

Die Codes des Hauses, die 1955 (daher der Name) mit der 2.55 entwickelt wurden – gestepptes Leder, Kettenschulterriemen –, finden sich bis heute in fast allen saisonalen Kreationen von Chanel. Die Grand Shopping Tote aus den frühen 2000er-Jahren mit ihrem geräumigen Inneren und unkomplizierten Design könnte nicht weiter von der zierlichen 2.55 entfernt sein, aber sie ist unbestreitbar mit den revolutionären Designideen verwandt, die Coco selbst antrieben.

Boy
von Chanel

—

2011

Coco Chanel trug bekanntlich gerne Männerkleidung, und so ist es nicht verwunderlich, dass Karl Lagerfeld (inspiriert von den Jagdtaschen, die Mademoiselle öfter über der Schulter trug) mit androgynen Akzenten spielte. Mit ihrer rechteckigen Form und maskulinen Kette bildet diese Tasche eine entspannte Ergänzung zu den feminineren Modellen des Hauses. Die Kreation wurde nach Boy Capel benannt, der Jugendliebe von Coco Chanel.

»*Mode* besteht nicht nur aus Kleidung.«

Coco Chanel

Dior

Dank

An Emily Hart und Arwen Summers, die mit mir gemeinsam ein weiteres wunderbares Modebuch geschaffen haben. An Martina Granolic dafür, dass sie sich kopfüber in das Thema ikonische Handtaschen gestürzt und die absoluten Juwelen herausgefiltert hat. An Andrea Davison, die jedes einzelne versteckte Detail so wunderbar recherchierte. An Murray Batten für das schicke und elegante Design unseres elften gemeinsamen Buches! An Todd Rechner für seine unglaubliche Sorgfalt und Perfektion, mit der er meine Bücher in ihre finale Form gebracht hat. An Justine Clay, die meine Arbeiten entdeckt und mir Wege aufgezeigt hat. An meinen Mann Craig und meine Kinder Gwyn und Will, die meine größte Inspiration sind.

CHANEL
CHANE

Über die Autorin

Für Megan Hess ist Zeichnen eine Berufung. Nachdem sie in den Bereichen Grafikdesign und Art Direction gearbeitet hatte, illustrierte Megan 2008 den Bestseller *Sex and the City* von Candace Bushnell. Seitdem ist sie als Mode-Illustratorin für renommierte Kunden in aller Welt tätig und schuf unter anderem Porträts für *Vanity Fair*, Animationen für Prada in Mailand, Schaufenstergestaltungen für Bergdorf Goodman in New York und Live-Zeichnungen für Fashion Shows wie Christian Dior Couture. Megan ist die Autorin zahlreicher Modebestseller, z. B. über Coco Chanel, Christian Dior und Audrey Hepburn.

Mehr über Megan auf meganhess.com

Weitere lieferbare Titel von Megan Hess:

Das Kleine Schwarze: Eine illustrierte Hommage an einen Modeklassiker. 978-3-7913-8884-7

Der Schuh: Eine illustrierte Hommage an einen Modeklassiker. 978-3-7913-8040-7

The Dress: 100 legendäre Kleider. 978-3-7913-8498-6

Coco Chanel: Die zauberhafte Welt der Stilikone. 978-3-7913-8033-9

Christian Dior: Die stilvolle Welt des Modeschöpfers. 978-3-7913-8832-8

Audrey Hepburn: Die zauberhafte Welt der Stilikone. 978-3-7913-8912-7

Grace Kelly: Die zauberhafte Welt der Stilikone. 978-3-7913-8001-8

München · London · New York, 2023. 2. Auflage 2025
in der Penguin Random House Verlagsgruppe GmbH
Neumarkter Straße 28 · 81673 München

Die Originalausgabe erschien 2023 unter dem Titel *The Bag*
bei Hardie Grant Books, an imprint of Hardie Grant Publishing

Projektleitung: Julie Kiefer
Übersetzung, Lektorat und Satz: VerlagsService Dietmar Schmitz GmbH
Herstellung: Luisa Klose

MIX
Papier | Fördert gute Waldnutzung
FSC® C020056
FSC www.fsc.org

Penguin Random House Verlagsgruppe FSC® N001967

Printed in China

ISBN 978-3-7913-8984-4

www.prestel.de